THIS BOOK BELONGS TO

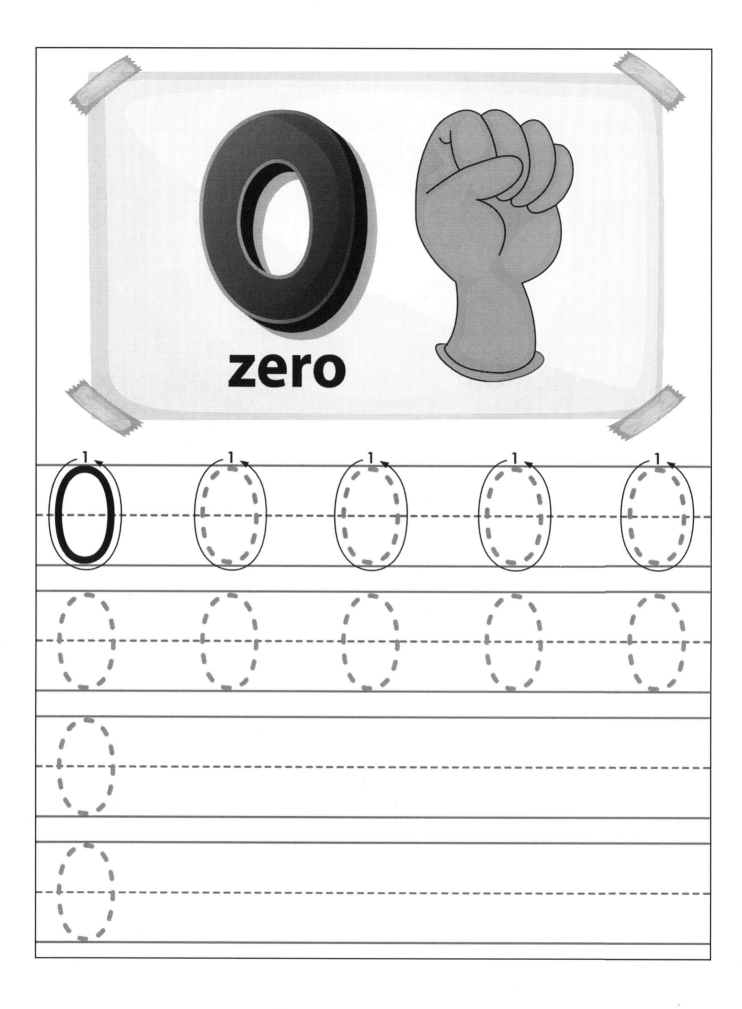

zero

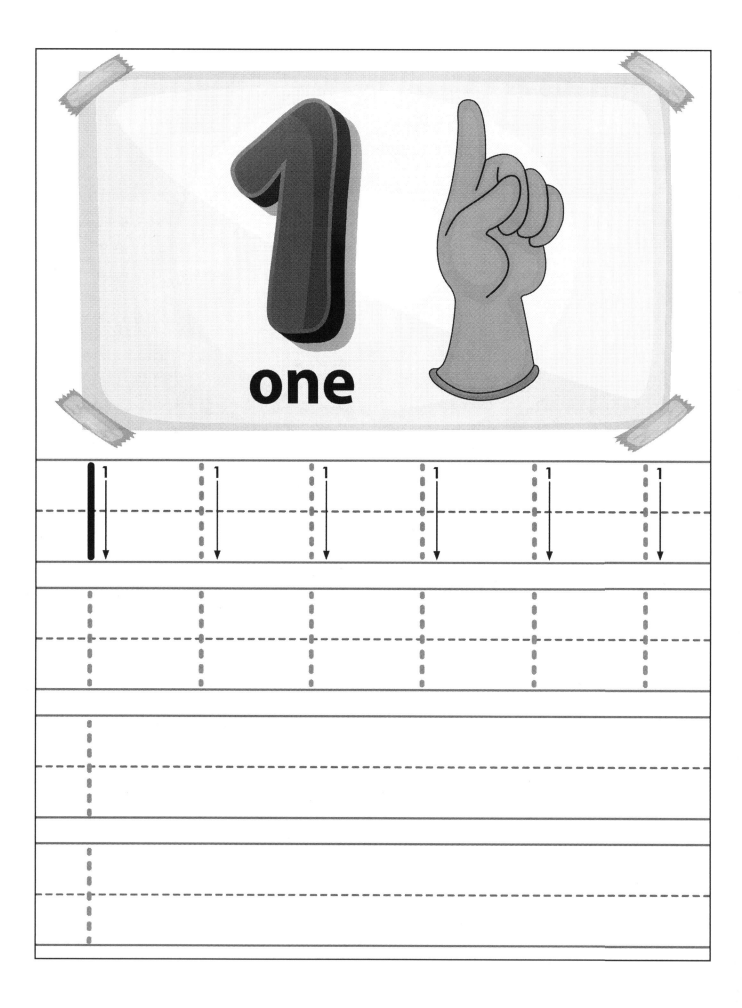

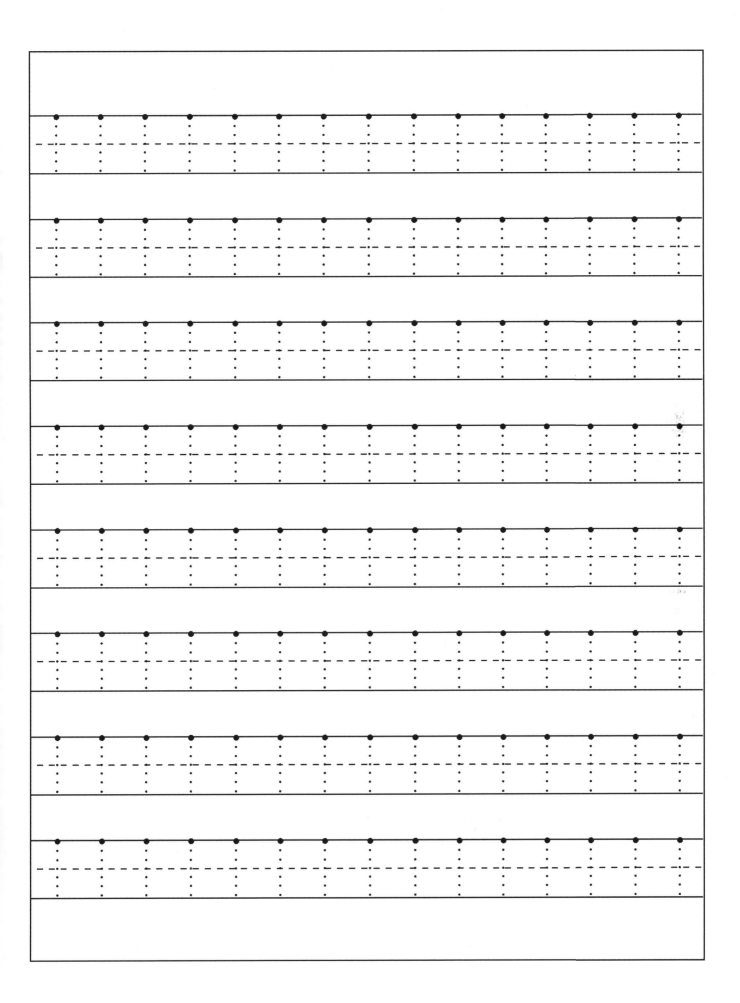

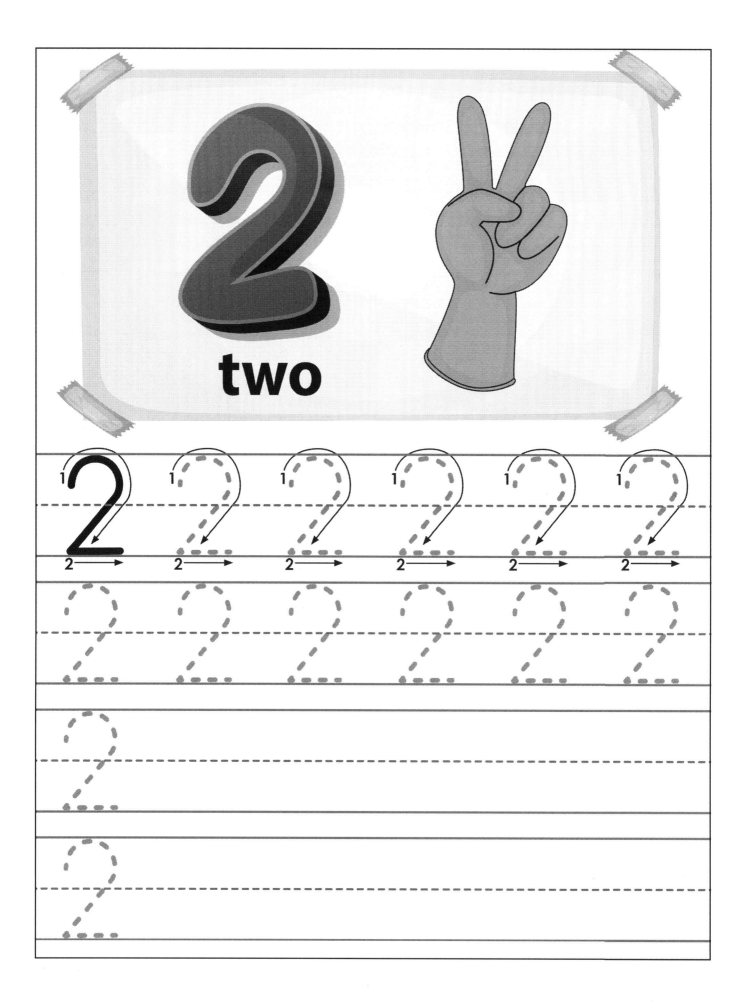

two

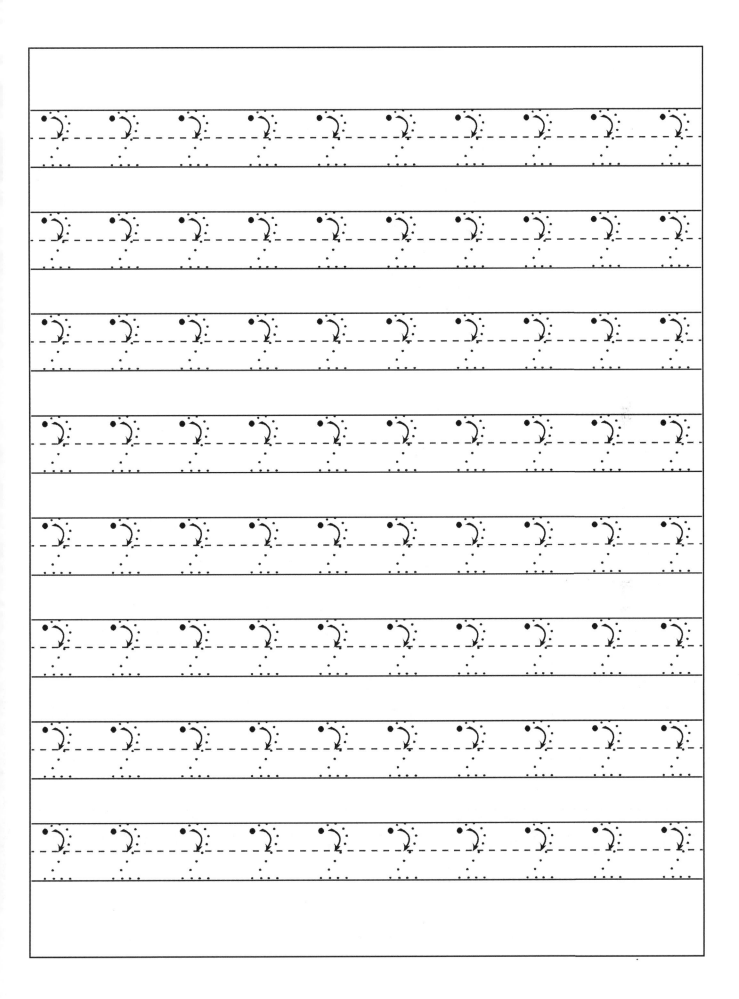

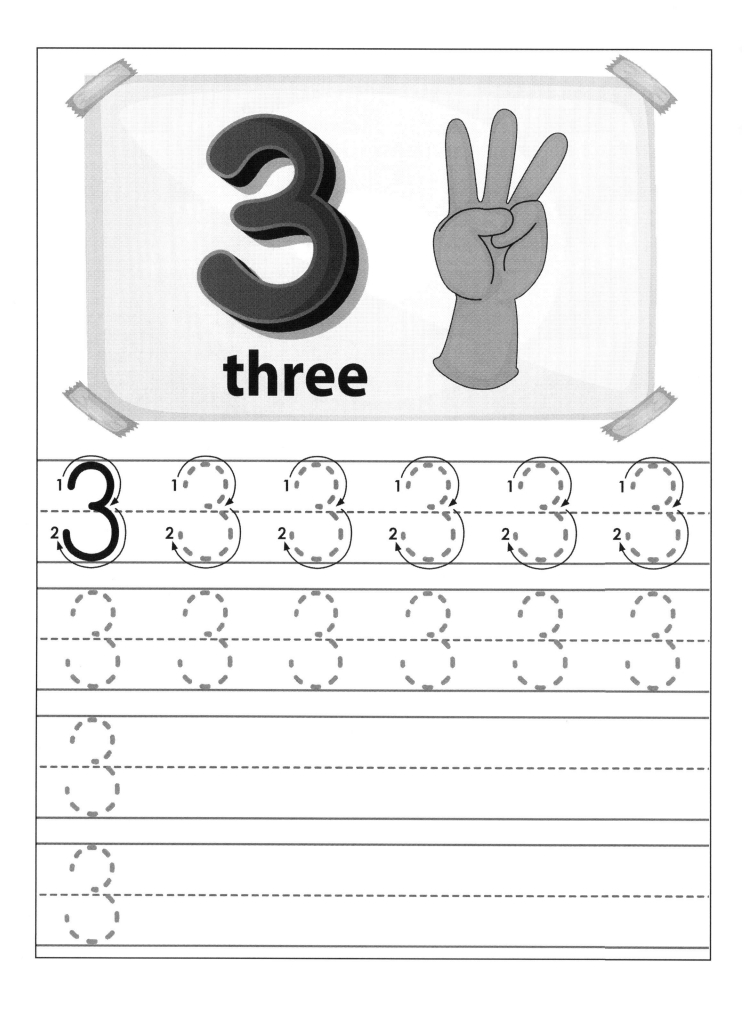

three

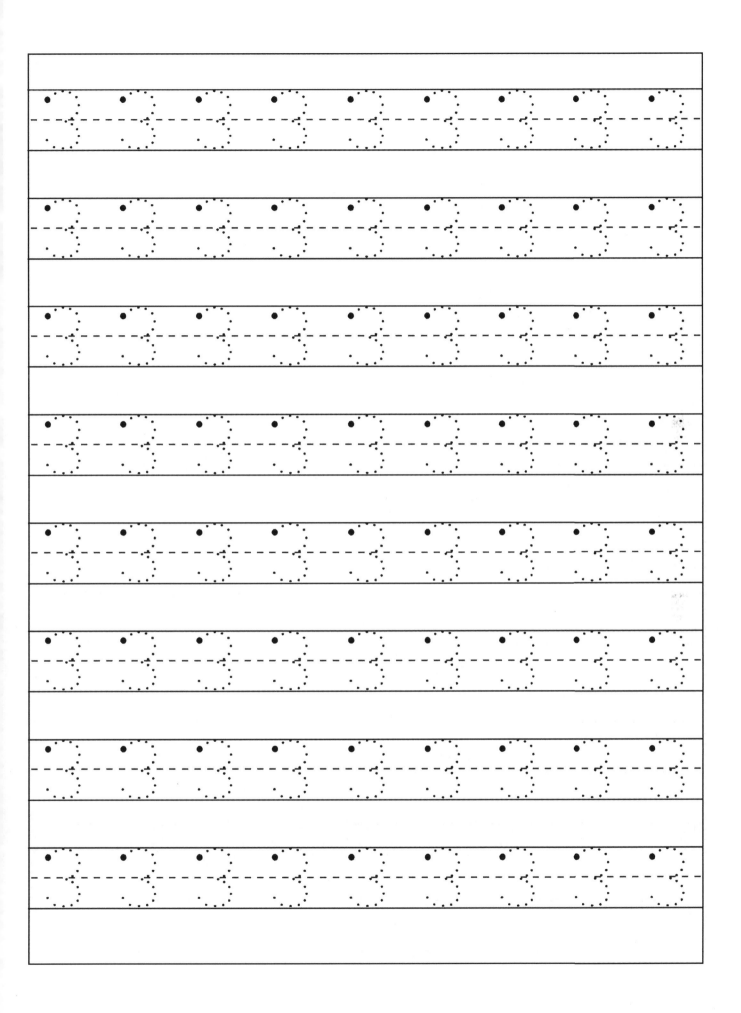

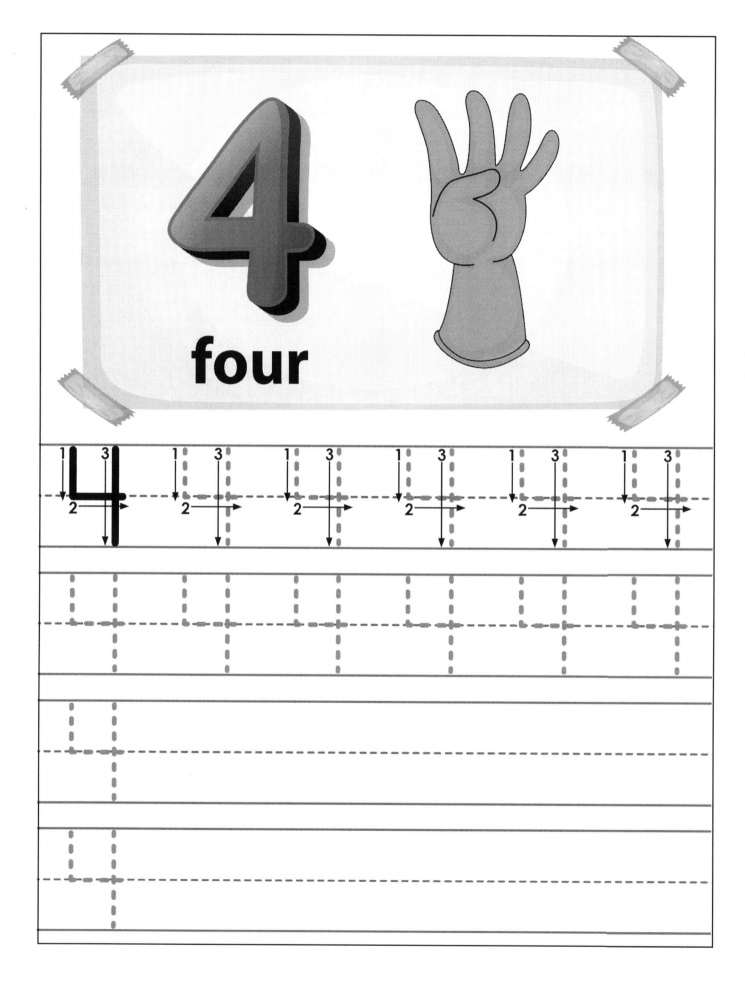

four

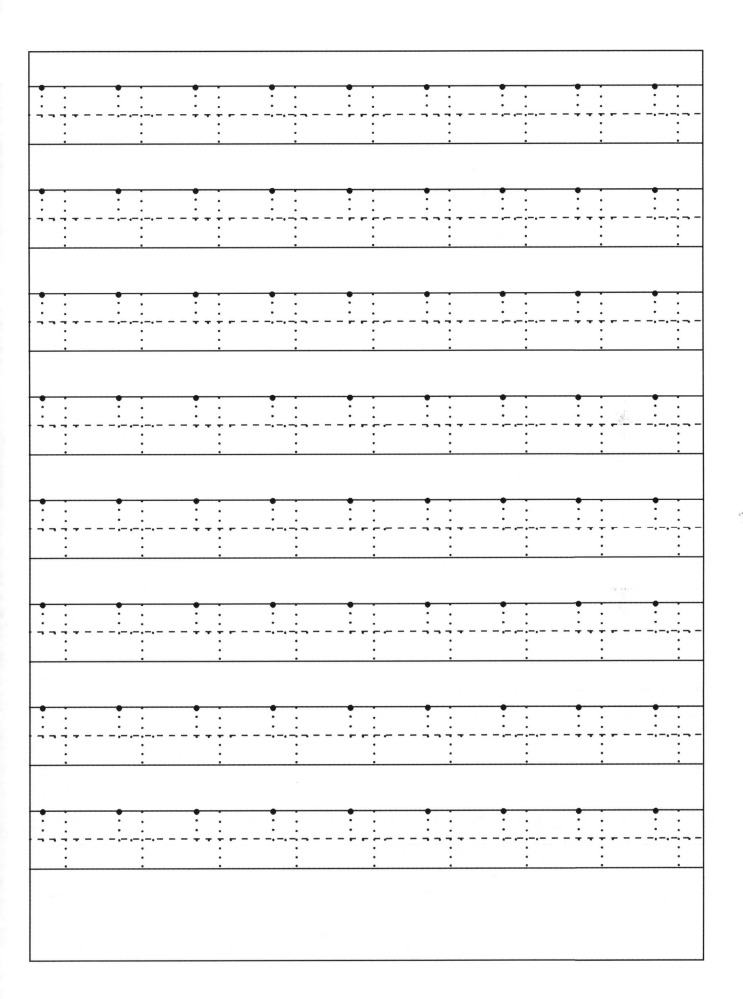

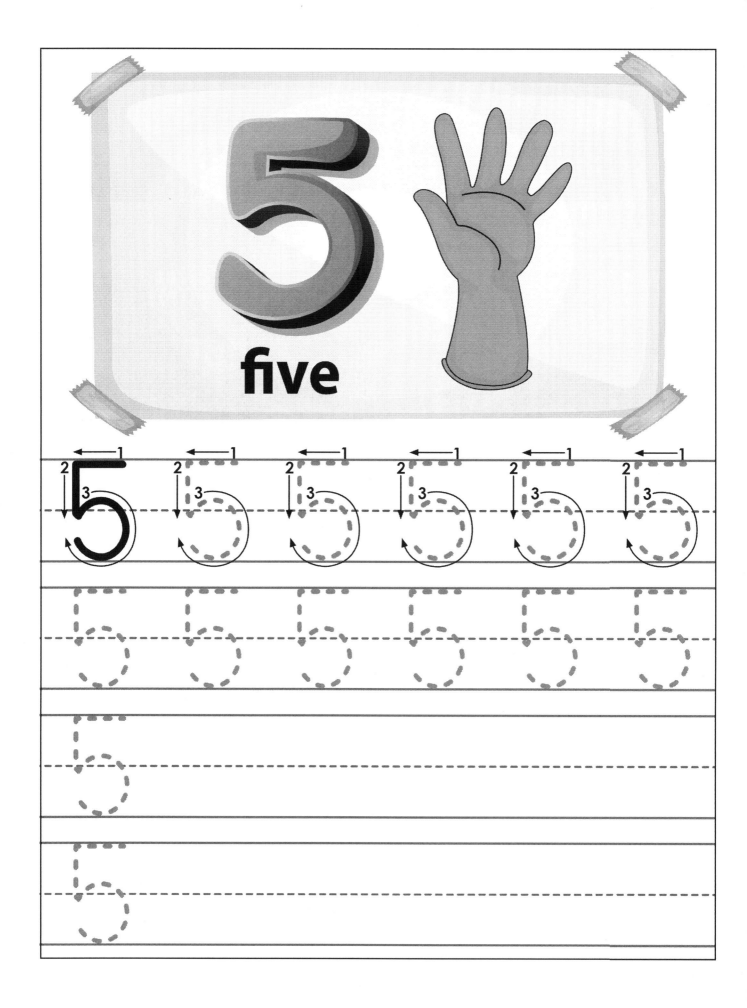

five

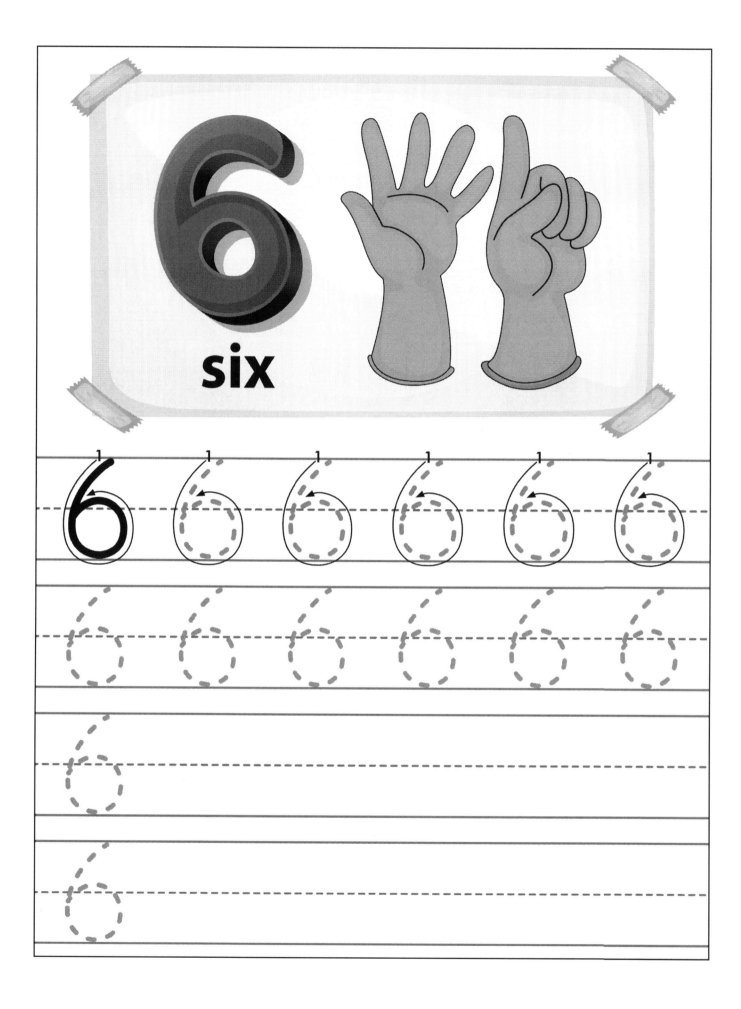

6 6 6 6 6 6 6 6 6

6 6 6 6 6 6 6 6 6

6 6 6 6 6 6 6 6 6

6 6 6 6 6 6 6 6 6

6 6 6 6 6 6 6 6 6

6 6 6 6 6 6 6 6 6

6 6 6 6 6 6 6 6 6

6 6 6 6 6 6 6 6 6

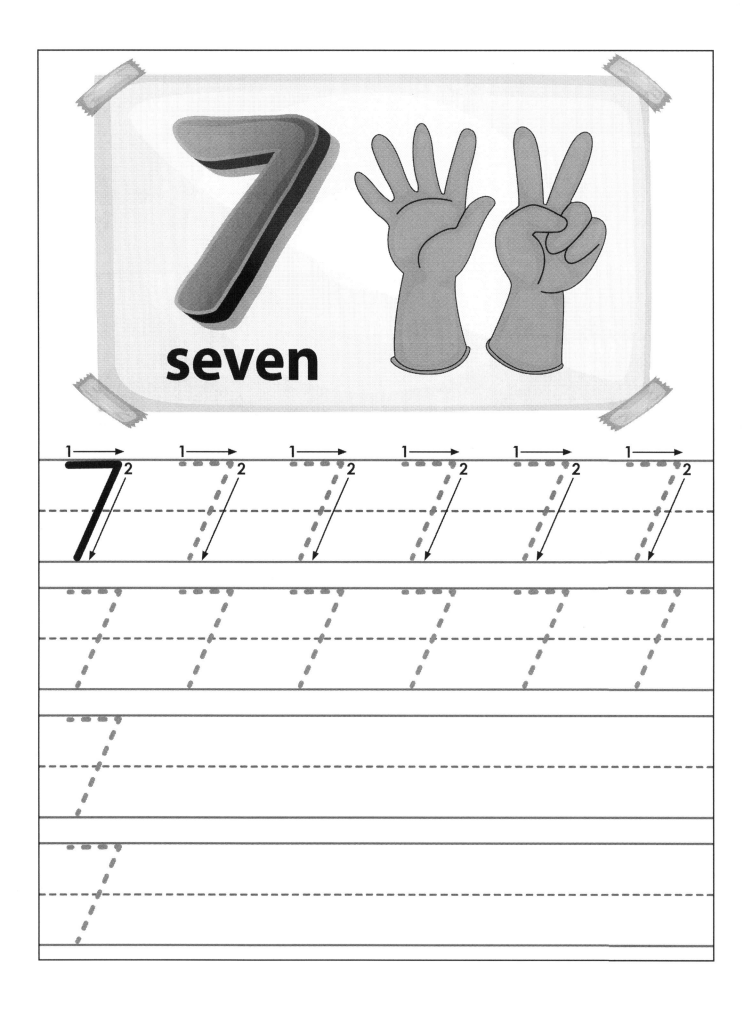

seven

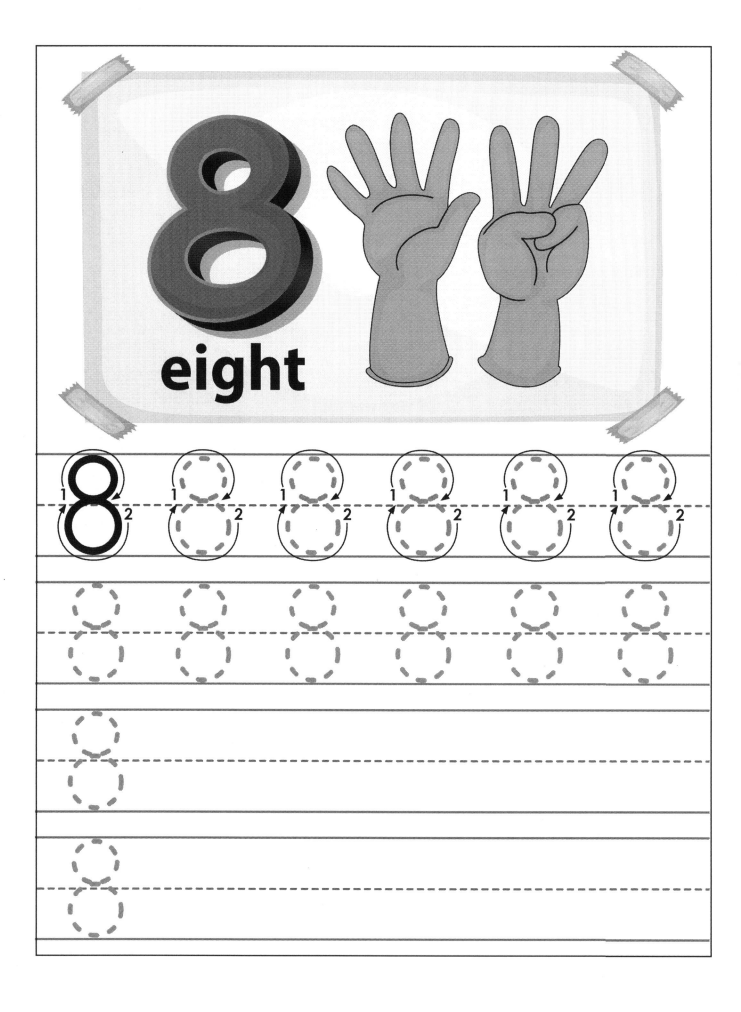

eight

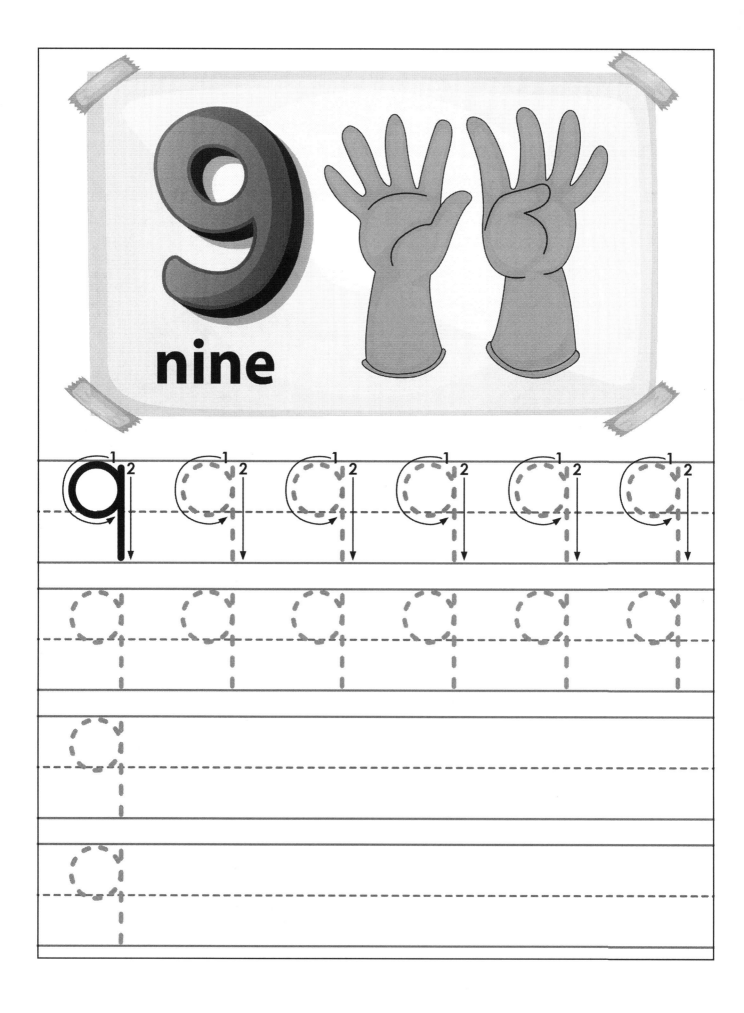

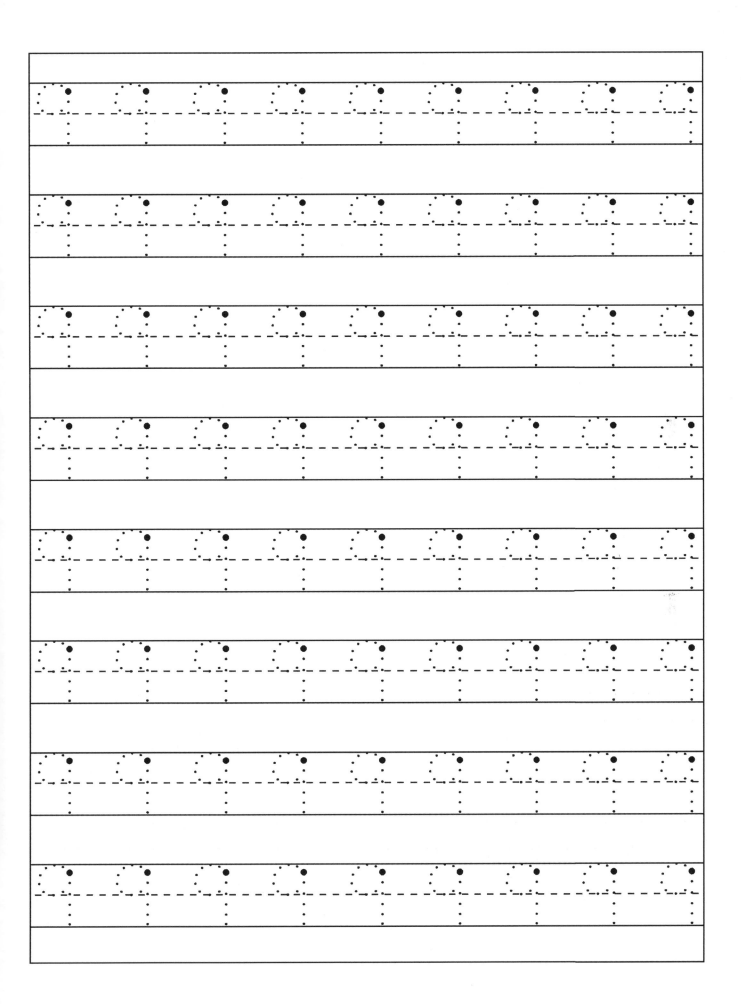

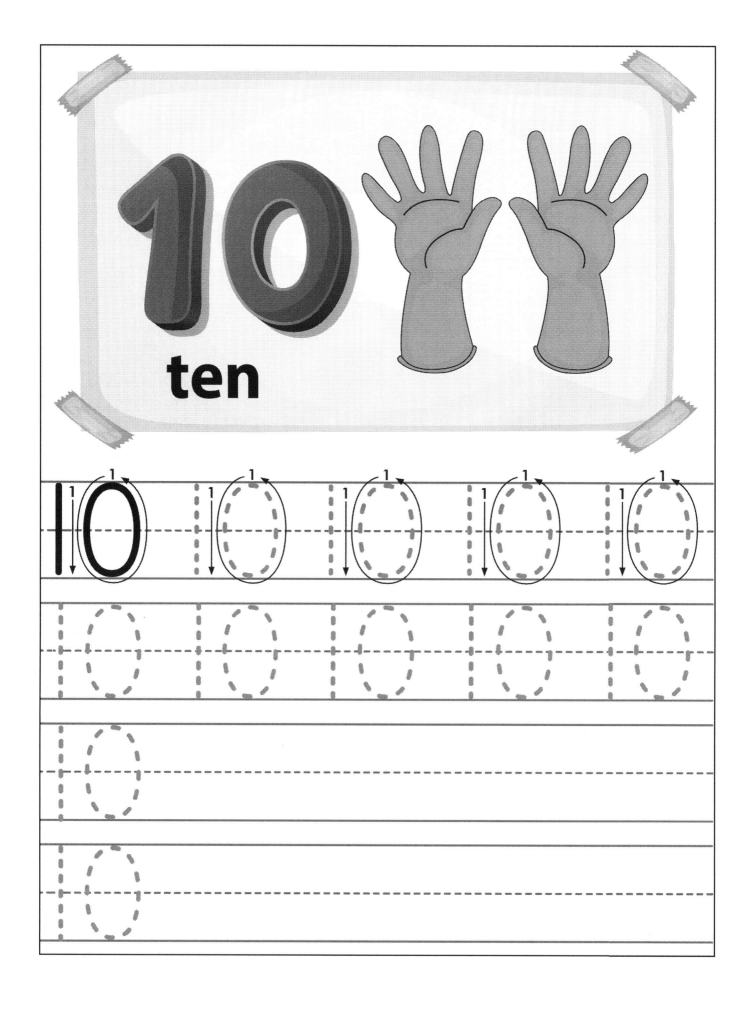

10

ten

0   0   0

1   1   1

2   2   2

3   3   3

4   4   4

5   5   5

6   6   6

7   7   7

8   8   8

9   9   9

10   10   10

11   11   11

12   12   12

I am _____ years old.

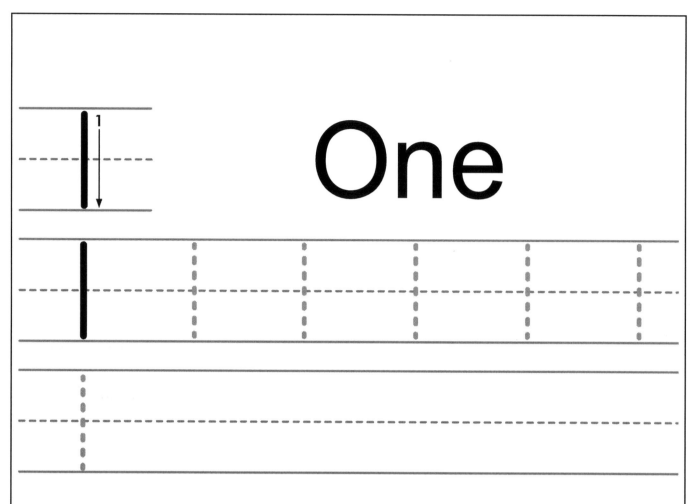

One

Two

2
2

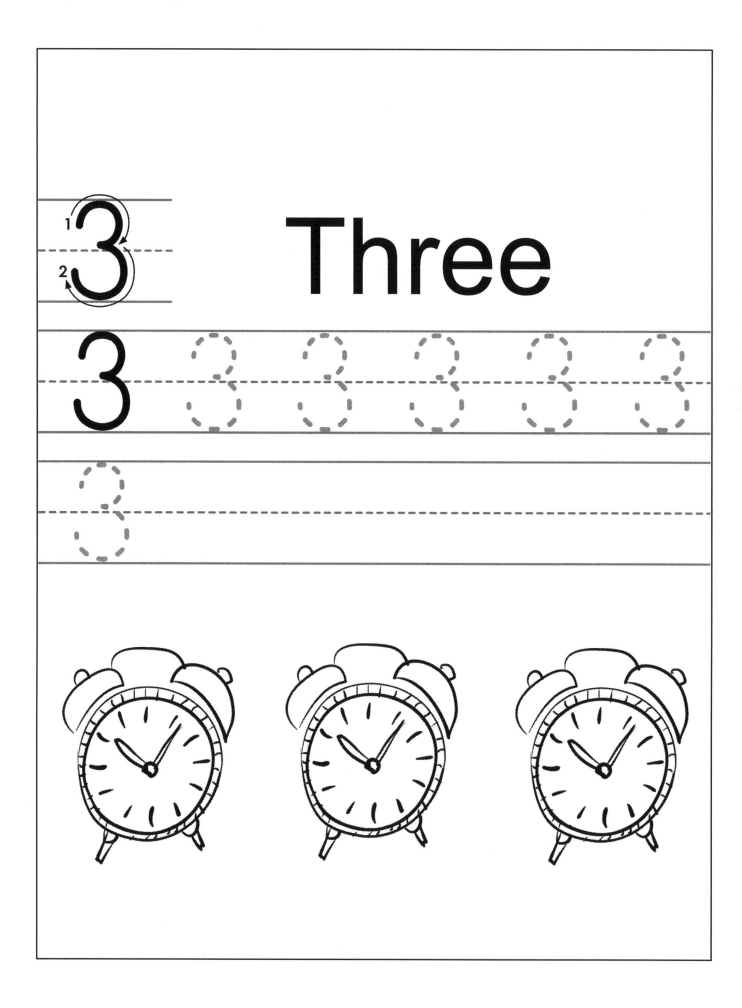

Three

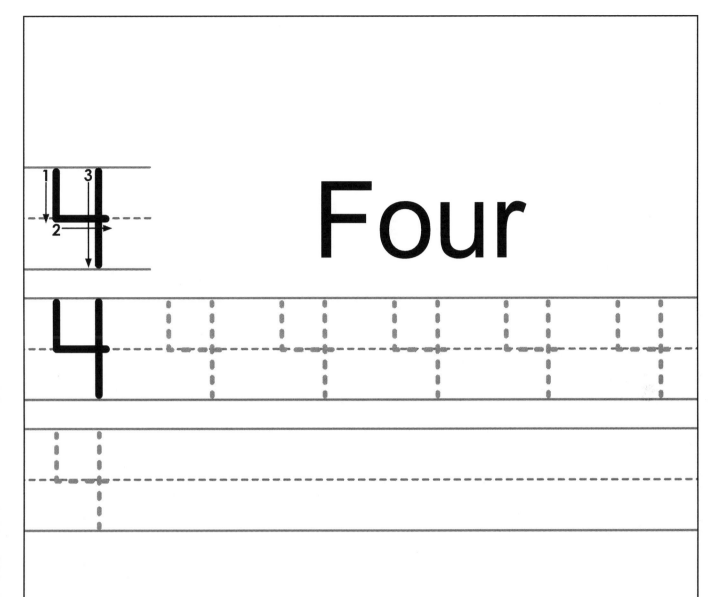

Four

4

5

2 3

5

Five

5 5 5 5 5 5

5

6

Six

6 6 6 6 6 6

6

7

Seven

7

Eight

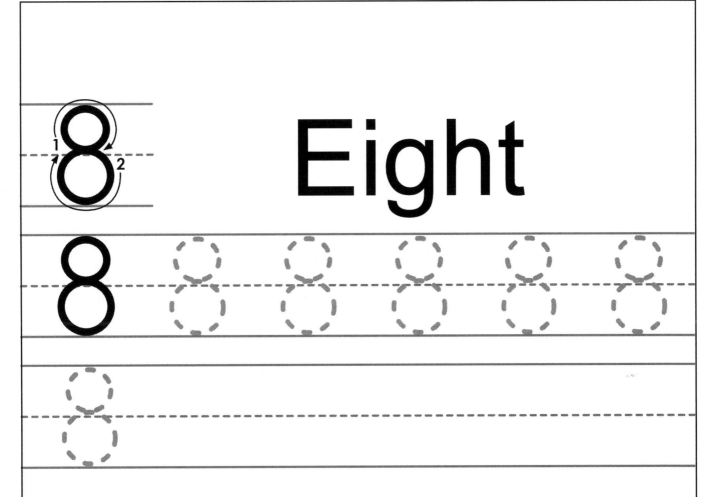

q¹ ²

Nine

q q q q q q q

q

10

10

Ten

10 10 10 10 10

10

11   Eleven

12 Twelve

12
12

12

13 Thirteen

13 13

13

14 Fourteen

14

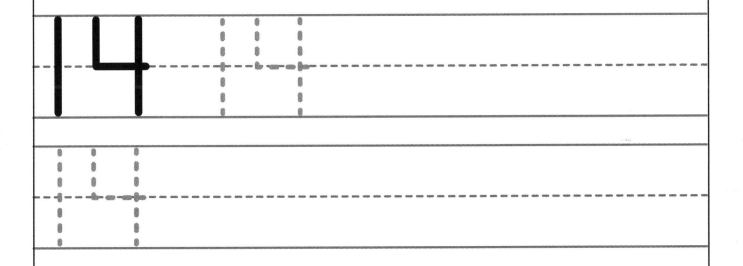

15 Fifteen

15

16 Sixteen

16

6

6

17 Seventeen

17

18 Eighteen

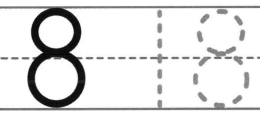

19 Nineteen

19

20 Twenty

20 *20* *20*

20

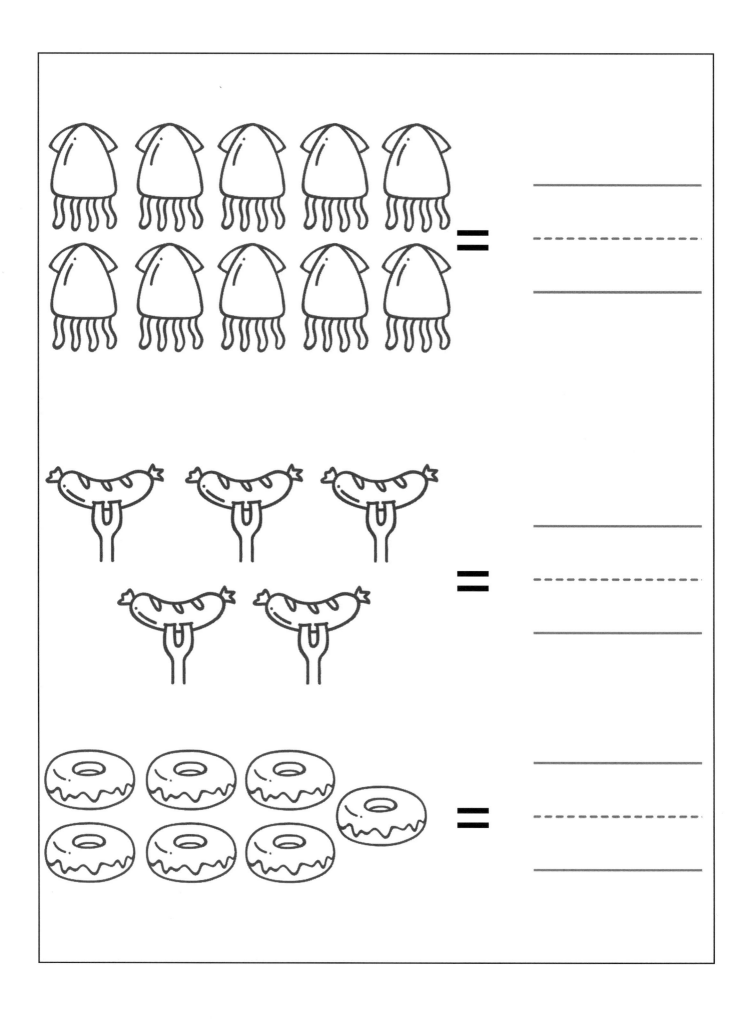

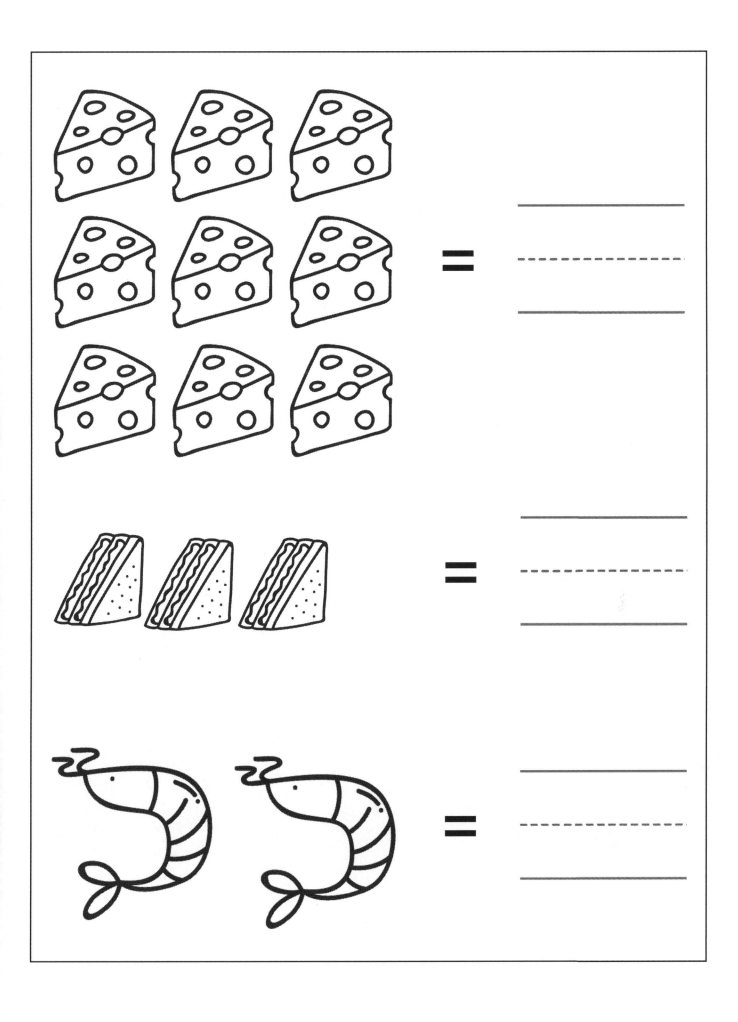

Counting Dice

= 1 =

= 2 =

= 3 =

Counting Dice

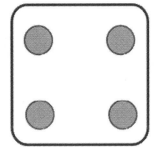 = 4 =

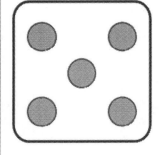 = 5 =

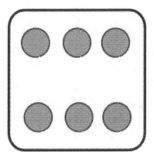 = 6 =

Coloring Star

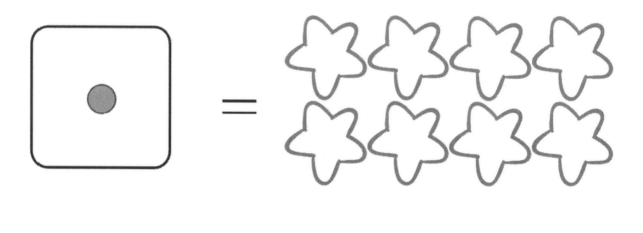

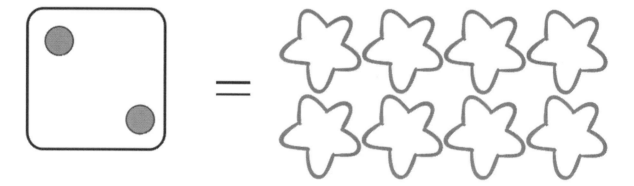

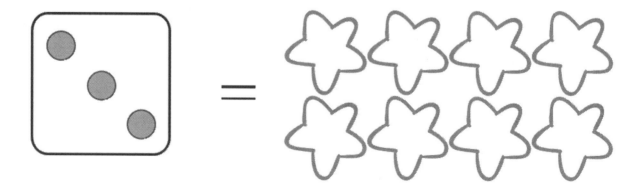

Coloring Star

$= 4 =$

$= 5 =$

$= 6 =$

Counting Dice

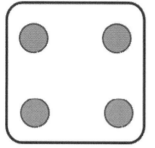 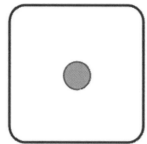 = _____

Color

Counting Dice

 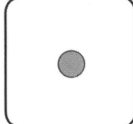  = _____
- - - - - - - - -
_____

Color

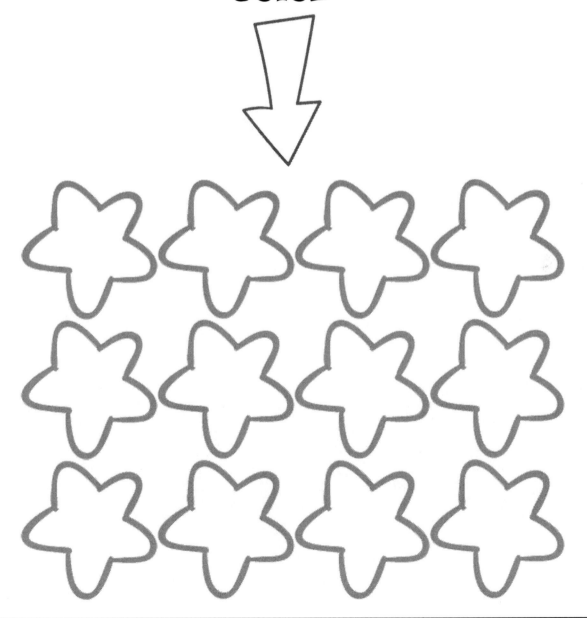

Counting Dice

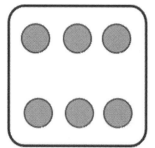 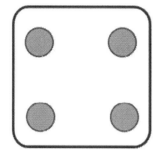 =
_____
- - - - - - - - - - - - -
_____

Color

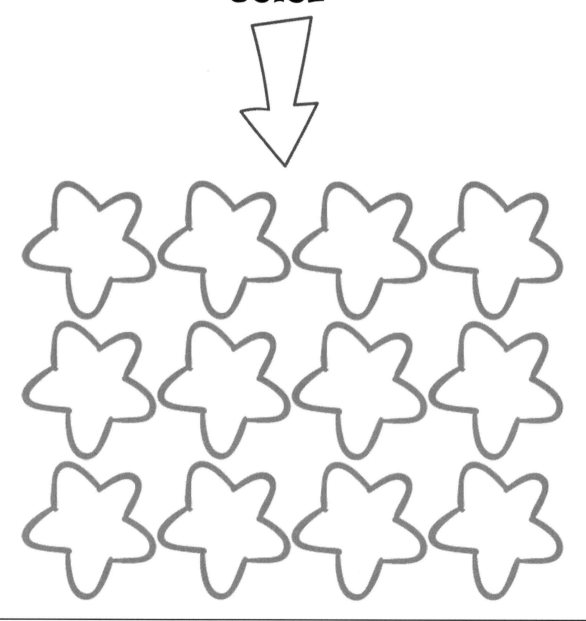

Counting Dice

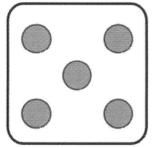 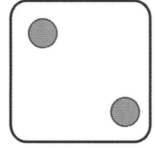 = _____

Color

Counting Dice

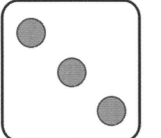 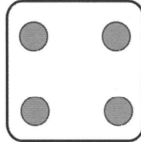  = _____

Color

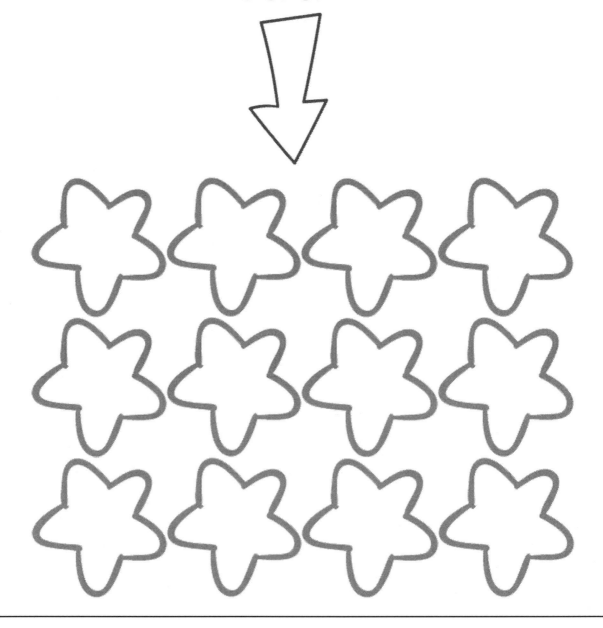

Counting Dice

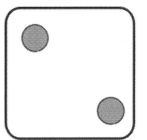 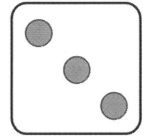 = _____

Color

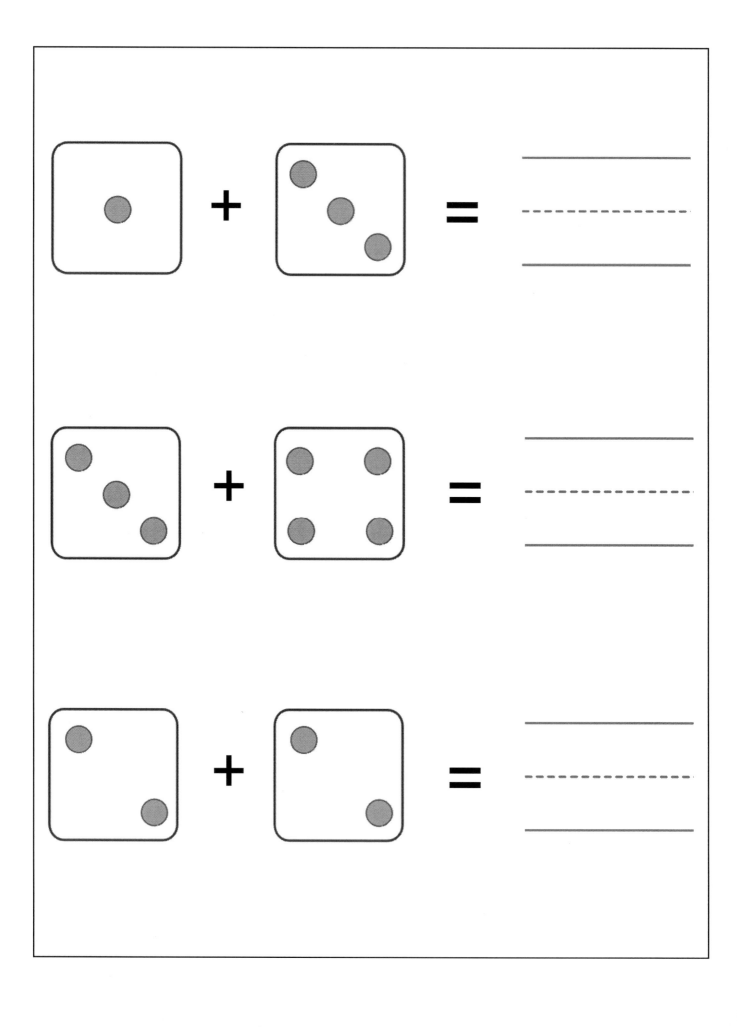

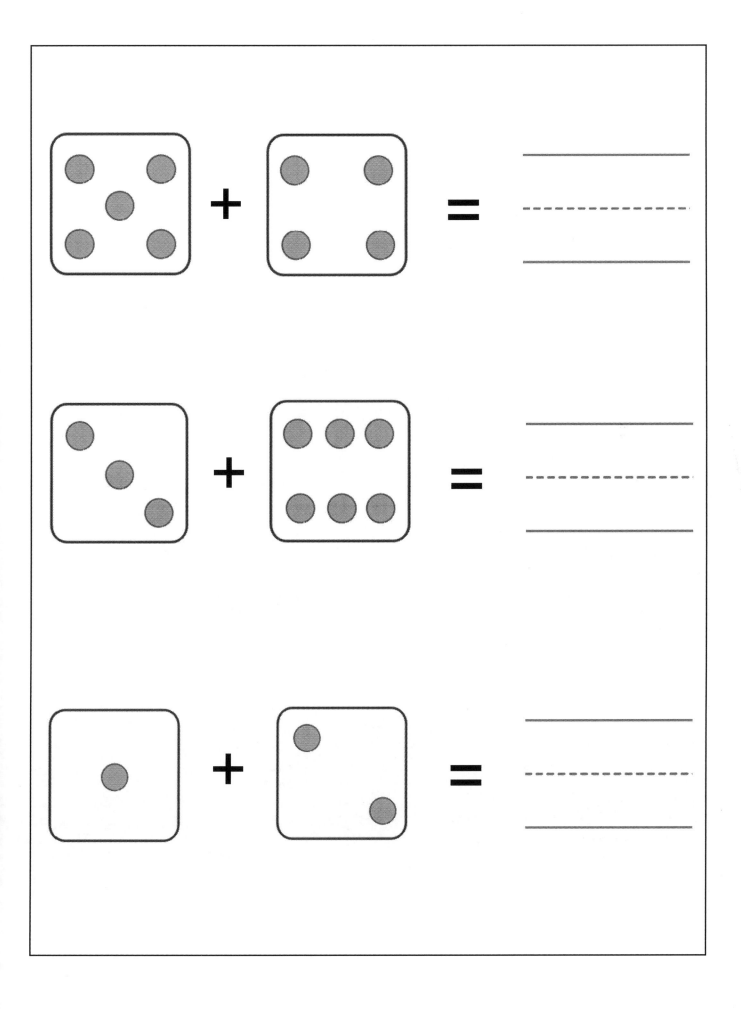

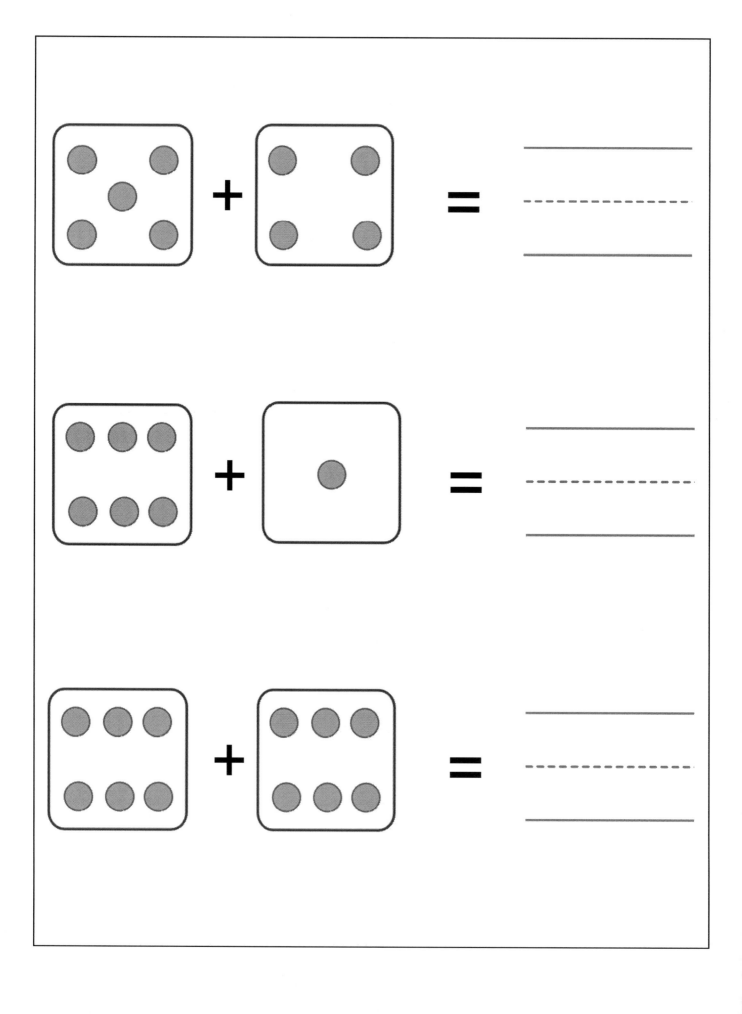

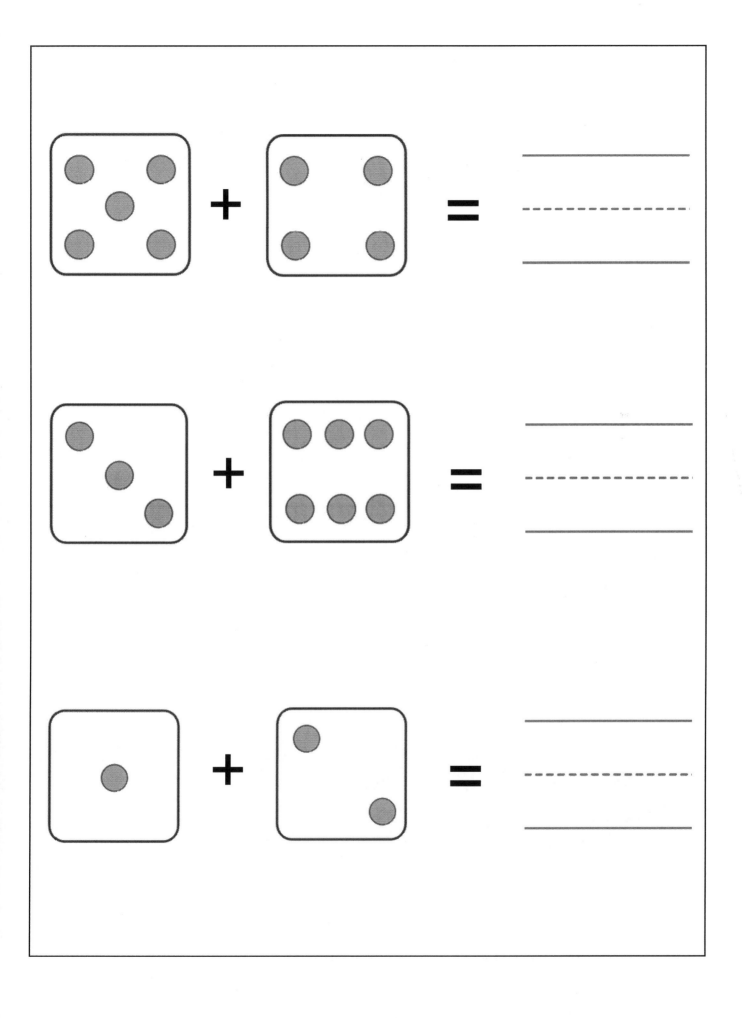

Write Number

(0) zero = _____

(1) one = _____

(2) two = _____

(3) three = _____

(4) four = _____

(5) five = _____

(6) six = _____

(7) seven = _____

(8) eight = _____

(9) nine = _____

(10) ten = _____

(11) eleven =

(12) twelve =

(13) thirteen =

(14) fourteen =

⑮ fifteen = _____

⑯ sixteen = _____

⑰ seventeen = _____

⑱ eighteen = _____

(19) nineteen = _____

(20) twenty = _____

(21) twenty-one = _____

(22) twenty-two = _____

(23) twenty-three = _____

(24) twenty-four = _____

(25) twenty-five = _____

(30) thirty = _____

40 forty =

50 fifty =

60 sixty =

70 seventy =

(80) eighty = _____

(90) ninety = _____

(100) one hundred = _____

Made in the USA
Monee, IL
24 March 2020